Generis
PUBLISHING

Approche intégrative et pluridisciplinarité dans la prise en charge du trouble du spectre autistique

Entre avancées scientifiques et défis cliniques

Menzepo Gérôme Didié
Djouakep Noël
Eyoum Christian

Title: **Approche intégrative et pluridisciplinarité dans la prise en charge du trouble du spectre autistique**

Entre avancées scientifiques et défis cliniques

ISBN: 979-8-89966-221-8

Author: Menzepo Gérôme Didié, Djouakep Noël,Eyoum Christian

Cover image: https://pixabay.com/

Publisher: Generis Publishing
Online orders: www.generis-publishing.com
Contact email: info@generis-publishing.com

Approche intégrative et pluridisciplinarité dans la prise en charge du trouble du spectre autistique : entre avancées scientifiques et défis cliniques

Menzepo Gérôme Didié

Psychologue clinicien et psychothérapeute spécialisé dans la psychopathologie infantile et les troubles du neurodéveloppement, chercheur. Membre de la société camerounaise de psychologie et président de l'association pour l'assistance aux personnes atteintes des troubles neurodéveloppementaux. Consultant à l'hôpital Laquintinie de Douala et au cabinet de santé mentale « La Maison du Psy », Douala-Cameroun. Auteur du livre « *De la détresse psychologique des parents : comprendre pour prévenir le burnout parental chez les parents d'enfant ayant un trouble du spectre de l'autisme* »

Auteur correspondant

WhatsApp : 00237 694 78 00 21

E-mail : geromemen@gmail.com

Djouakep Noël

Neuropédiatre spécialisé dans les troubles neurocognitifs et de la communication chez l'enfant. Consultant à l'hôpital Laquintinie de Douala.

Eyoum Christian

Médecin psychiatre, chargé de cours à la faculté de médecine et de science pharmaceutique de l'université de Douala ; chef de service de santé mentale de l'hôpital Laquintinie de Douala. Consultant au cabinet de santé mentale « La Maison du Psy », Douala-Cameroun.

Résumé

Ce livre explore l'approche intégrative et pluridisciplinaire dans la prise en charge du trouble du spectre de l'autisme (TSA), en mettant en lumière les avancées scientifiques et les défis cliniques rencontrés, particulièrement dans le contexte camerounais.

L'ouvrage est structuré en trois parties. La première partie examine l'autisme à travers le prisme de l'approche intégrative, soulignant la complexité et l'hétérogénéité du TSA aux niveaux génétique, neurobiologique et comportemental. Elle plaide pour une prise en compte globale des facteurs biologiques, psychologiques et environnementaux, ainsi que des comorbidités fréquentes.

La deuxième partie détaille le cadre méthodologique de la mise en œuvre d'une intervention intégrative pluridisciplinaire. Elle insiste sur la nécessité d'une évaluation approfondie et la coordination entre les différents professionnels (psychologues, orthophonistes, ergothérapeutes, etc.) pour élaborer un projet d'intervention personnalisé.

La troisième partie présente une étude clinique menée auprès de 15 enfants autistes, démontrant les bénéfices de l'approche intégrative pluridisciplinaire sur le développement des compétences adaptatives et la réduction des symptômes autistiques. Malgré les limites de l'étude, les résultats soulignent l'importance de cette approche pour améliorer la qualité de vie des personnes avec autisme et appellent à une plus grande attention et à des recherches supplémentaires dans ce domaine.

Abstract

This book explores the integrative and multidisciplinary approach in the management of autism spectrum disorder (ASD), highlighting scientific advances and clinical challenges encountered, particularly in the Cameroonian context.

The book is structured in three parts. The first part examines autism through the lens of the integrative approach, emphasizing the complexity and heterogeneity of ASD at the genetic, neurobiological, and behavioral levels. It advocates for a comprehensive consideration of biological, psychological, and environmental factors, as well as frequent comorbidities.

The second part details the methodological framework for implementing an integrative multidisciplinary intervention. It emphasizes the need for a thorough assessment and coordination among various professionals (psychologists, speech therapists, occupational therapists, etc.) to develop a personalized intervention plan.

The third part presents a clinical study conducted with 15 children with autism, demonstrating the benefits of the integrative multidisciplinary approach on the development of adaptive skills and the reduction of autistic symptoms. Despite the study's limitations, the results underscore the importance of this approach in improving the quality of life of individuals with autism and call for greater attention and further research in this field.

Liste des abréviations

ABA : Applied Behavior Analysis

CARS-T : Childhood Autism Rating Scale

DSM 5 : *diagnostic and statistic manuel of mental disorder*

ESDM : Early Start Denver Model

NA : non appliqué

NSP : ne sais pas

PEI : projet éducatif individualisé

SRP : Son Rise Program

TND : trouble neurodéveloppemental

TSA : trouble du spectre de l'autisme

Liste des tableaux

Liste des ligures

Remerciement

Ce travail n'aurait pas tout son sens si nous ne remercions pas des personnes qui ont joué un rôle important dans sa réalisation.

Nous remercions l'ensemble du personnel du centre ANAISSA qui a été le pôle expérimental de ce programme. Vous avez donné de votre temps et de votre expertise pour ce travail. Nous pensons ainsi à M. TCHINDA Daniel, psychologue clinicien assistant ; M. TUMBOVE Francis, Kinésithérapeute ; M. DJIEGOU Ronald, éducateur spécialisé ; Mme BALANA Julienne, Orthophoniste ; Mme NGO MBEMBEL Florence, éducatrice spécialisée ; Mme MOUPE Diane, éducatrice spécialisée ; Mme YANGE Christel, éducatrice anglophone ; M. YOUALEU Paul, éducateur sportif, M. NGUIMBUS Philippe, ergothérapeute, Mme YEN EYOUM Agnès, directrice du centre et à la tope management, Mme NKEMBE Florence, présidente et fondatrice du centre.

Nous remercions aussi M. EPOPA David, psychologue clinicien et Mme NDIEMI Agnès Salomé, psychologue clinicienne pour la relecture de ce travail.

Nous remercions enfin l'équipe de l'association pour l'assistance aux personnes atteintes des troubles neurodéveloppementaux (AAPA-TND) pour leur assistance.

SOMMAIRE

INTRODUCTION

Le trouble du spectre autistique (TSA) qui touche 1.2% de la population camerounaise, avec un sexe ratio d'une fille pour 4 garçons (Happi, 2016) est l'un des troubles du neuro développement (TND) les plus explorés dans le monde, même s'il n'est pas le TND le plus prévalent. Ceci en raison de l'invalidité sociale qu'il crée chez la personne porteuse. La triade symptomatique contient les troubles des interactions sociales, les troubles de la communication et les troubles du comportement occasionnant un retentissement cliniquement significatif dans le fonctionnement social/scolaire/professionnel (American Psychiatric Association, 2013). Sa prise en charge fait intervenir plusieurs professionnels à l'instar du psychologue pour évaluer et favoriser le développement des processus adaptatifs et pour l'aide psychologique aux familles ; Orthophoniste pour les troubles du langage et la communication; le psychomotricien pour la rééducation psychomotrice et la stabilisation, l'ergothérapeute pour le réaménagement de l'environnement et des activités de la vie quotidienne ; le psychiatre pour la prise en charge médicamenteuse si besoin ; Les enseignants spécialisés pour la mise en place des stratégies spécifiques pour l'acquisition des compétences spécifiques. Les recommandations de bonnes pratiques professionnelles indiquent une organisation harmonieuse de la prise en charge à partir des ressources et compétences disponibles qui aura pour but d'assurer une bonne évolution du patient en priorisant les méthodes basées sur les preuves scientifiques. Toute intervention ciblée doit viser le développement du comportement adaptatif chez le sujet. Le comportement adaptatif est en effet la pratique des activités quotidiennes requise pour une adaptation personnelle et sociale suffisante. Il est donc fonction de l'âge du sujet et l'on assiste à une complexification croissante de ce comportement (Sparrow & al 2015).

En revanche, une variété d'approches de traitement du TSA a été développée pour améliorer la trajectoire développementale des compétences sociales et adaptatives des enfants en raison de l'hétérogénéité des profils cliniques des enfants, des besoins spécifiques, de l'attente des parents et de l'évolution de ces derniers. C'est ainsi que la haute autorité de santé (Haute Autorité de Santé, 2012) recommande que les programmes éducatifs, pédagogiques et thérapeutiques doivent être diversifiés, proposés en milieux ordinaires ou en établissements spécialisés et doivent être complémentaires et adaptés aux besoins singuliers de chaque enfant/adolescent. Elle préconise la « *recherche-action* » en vue d'expérimenter des nouvelles approches thérapeutiques ou d'améliorer les approches existantes. Elle encourage aussi les professionnels dans leurs différentes chapelles à mener des actions de recherche de manière à améliorer leurs connaissances sur les personnes avec autisme, sur leurs spécificités et sur leurs besoins dans le but de proposer des modalités d'interventions optimales.

La prise en charge de l'autisme au Cameroun est encore embryonnaire dans la mesure où il n'existe pas encore de circuit clair à cet effet (Menzepo & al, 2023). Dans ces conditions, avec la rareté des ressources humaines qualifiées triplées à un manque de structure spécialisée exceptée les grandes métropoles Douala et Yaoundé où quelques parents se battent pour créer des centres spécialisés. La prise en charge de l'autisme reste un véritable parcours de combattant. Partant de notre expérience de terrain, nous remarquons des besoins variés tant dans la capacitation à des méthodes d'interventions spécifiques que sur la disponibilité des ressources humaines spécialisées dans ce domaine. Dans ce contexte, les approches et stratégies utilisées par les professionnels sont multiples et varient au gré de chaque spécialiste et de chaque structure de prise en charge.

Dans notre pratique, nous préconisons des interventions interdisciplinaires intégratives personnalisées pour chaque enfant. L'approche intégrative de l'autisme met en évidence des multiples facteurs mise en cause dans le développement de cette pathologie. La diversité des profils génétiques chez les demandeurs de soins que chez les professionnels en termes de problèmes neurobiologiques et des formations (Golse & Robel, 2009).

L'autisme, avec son hétérogénéité phénotypique et étiologique, représente un défi majeur pour la recherche et la clinique. Comme le soulignent Happé et Frith (2020), cette complexité nécessite une intégration des différents niveaux d'analyse, depuis les mécanismes moléculaires jusqu'aux interventions comportementales. Pourtant, cette intégration se heurte à des obstacles structurels et conceptuels qui méritent une analyse approfondie.

L'objectif de ce travail est de mettre en évidence la complexité de la prise en charge du TSA et montrer le bénéfice d'une approche intégrative d'intervention pluridisciplinaire dans l'autisme et les expériences pratiques menées dans une structure spécialisée à Douala-Cameroun.

Ainsi ce livre se présente en trois parties dont la première propose une compréhension théorique de cette approche, la deuxième propose un schéma méthodologique et la troisième présente les applications pratiques.

PARTIE 1 : L'AUTISME VU SOUS L'APPROCHE INTÉGRATIVE

De nos jours, des multitudes d'approches ont été développées pour comprendre et prendre en charge l'autisme. Cependant, les avancées scientifiques relèvent une complexité et une hétérogénéité des profils d'enfants TSA. Variabilité observable tant dans le profil génétique, sensoriel, symptomatique et développemental.

L'approche intégrative vise à intégrer des techniques issues d'approches diverses dans le seul but de répondre au besoin particulier de la personne concernée. C'est à la fois l'intégration des théories explicatives que des moyens de prise en charge.

1. L'intégration des données génétiques : potentialités et limites

Les avancées des recherches sur le plan génétique ont permis la découverte d'une hétérogénéité génétique avec une multitude de mutations génétiques qui nous permette de comprendre la variabilité des profils. Ces découvertes ont révolutionné notre compréhension des bases biologiques de l'autisme. Geschwind (2021) rapporte que plus de 100 gènes à forte pénétrance ont été identifiés, impliqués principalement dans la synaptogenèse et la régulation de l'expression génique. Ces découvertes ouvrent des perspectives diagnostiques prometteuses, notamment pour les formes syndromiques d'autisme.

Cependant, l'étude de Tammimies et al. (2022) montrent que le rendement diagnostique actuel des tests génétiques reste limité à 15-20% des cas. Cette situation s'explique par plusieurs facteurs : l'implication de variants rares de signification incertaine, l'effet combiné de multiples variants de faible effet, et l'interaction complexe entre les facteurs génétiques et environnementaux. Devlin et Scherer (2023) soulignent que « *la plupart des cas d'autisme résultent probablement d'interactions entre des centaines de variants génétiques communes et des facteurs environnementaux modificateurs* ». C'est la place de l'épigénétique qui crée autant de mystère dans la compréhension des facteurs génétiques.

L'épigénétique étant l'interaction entre les facteurs génétiques modifiés et les facteurs environnementaux qui favorise l'expression ou pas d'un gène. Ceci étant, jusqu'à leur actuel, il est difficile de déterminer avec certitude le gène responsable de la transmission du TSA. Même si on sait aujourd'hui qu'un parent peut donner naissance à plusieurs enfants autistes.

Face à ces défis, les approches intégratives combinant données génomiques, épigénétiques et cliniques apparaissent comme une voie prometteuse. Le projet MSSNG (2023) illustre cette tendance, avec l'analyse intégrée du séquençage complet du génome et des données phénotypiques détaillées chez plus de 10 000 familles.

2. Neurosciences et psychopathologie : complémentarité ou concurrence dans la compréhension du TSA ?

Les neurosciences cognitives ont profondément renouvelé notre compréhension des mécanismes cérébraux sous-tendant les particularités autistiques. Les travaux de Just et al. (2022) en neuroimagerie fonctionnelle ont mis en évidence des altérations de la connectivité cérébrale, particulièrement dans le réseau du mode par défaut impliqué dans la cognition sociale. Ces découvertes ont des implications directes pour le développement d'interventions ciblées. En effet, ces études montrent qu'il ya une faible connexion et communication dans les différentes zones du cerveau. On note aussi une forte activité cérébrale dans certaines zones du cerveau (une hyperconnectivité dans la région sensorielle) qui se traduit par une surcharge d'informations, rendant certains environnements difficiles à gérer. Par exemple, une lumière fluorescente ou une foule peuvent sembler accablantes. Et une très faible activité dans d'autres (une sous-connectivité dans les régions impliquées dans la communication sociale) ce qui indique une faible et mauvaise interprétation des signaux sociaux.

Toutefois, comme le souligne Mottron (2023), une approche exclusivement neurocentriste risque de négliger la dimension développementale et expérientielle du trouble. Les recherches sur la perception sensorielle illustrent bien cette tension. Cascio et al. (2021) ont montré que les particularités sensorielles dans l'autisme présentent des corrélats neuronaux spécifiques, mais leur impact fonctionnel varie considérablement selon les individus et les contextes. Ceci étant, les difficultés d'intégration sensoriel bien que présent chez la plupart des personnes autistes, celle-ci va s'exprimer en fonction de sont intensité chez des sujets.

Cette complémentarité des perspectives est particulièrement évidente dans l'étude des interactions précoces. Les travaux de Nadel et al. (2022) combinent habilement mesures neurophysiologiques et observations comportementales pour comprendre les difficultés d'engagement social dans l'autisme. Comme ils le soulignent, « seule une approche multiniveau peut rendre compte de la complexité des trajectoires développementales dans les TSA ». Au regard de la complexité de l'autisme tant dans ses aspects génétiques, neurobiologiques que comportementaux, il serait illusoire de nos jours de se focaliser sur une seule approche pour comprendre et traiter l'autisme.

3. Les comorbidités somatiques : un champ négligé

La règle d'or dans les troubles du neurodéveloppement c'est la comorbidité. En contexte camerounais, il est rare de trouver un enfant autiste sans comorbidité pourtant la plupart des approches sont calquées sur les critères typiques du TSA. Cette forte présence des troubles associés au TSA dans notre contexte serait dû au fait que les TND en général sont sous diagnostiqué au Cameroun et en Afrique du fait d'une méconnaissance d'une part et de la rareté des ressources humaines d'autre part. en conséquence seule des cas graves arrivent en consultation.

En général, la prise en compte des comorbidités somatiques dans l'autisme représente un enjeu majeur de santé publique. Mc Elhanon et al. (2022) ont démontré que jusqu'à 70% des personnes autistes présentent des troubles gastro-intestinaux significatifs, souvent sous-diagnostiqués. Ces troubles ont un impact direct sur la qualité de vie et peuvent exacerber les symptômes comportementaux. Il est courant de voir les enfants autistes qui ont des problèmes digestifs et alimentaires. Généralement les parents vont vite s'orienter vers les régimes alimentaires avec les suppléments alimentaires sans consulter un spécialiste et sans suivi.

Ceci nous rappelle le cas d'un enfant de 4 ans 7 mois que nous avons reçu avec un diagnostic de TSA sévère dont l'unique traitement était un sac de supplément alimentaires composé de 10 (dix) produits en automédication. Quand nous questionnons la maman, elle nous fait savoir qu'on l'avait conseillé pour calmer les crises de son fils et pour l'aider à développer son intelligence. (des cas comme ça on en voit plusieurs avec des problématiques différentes.)

Les troubles du sommeil constituent un autre exemple frappant. Goldman et al. (2021) ont montré que leur amélioration peut entraîner une réduction de 30% des comportements problématiques. Pourtant, comme le souligne Malow (2023), les troubles du sommeil dans l'autisme restent souvent non traités, malgré l'existence d'interventions efficaces. Le problème de sommeil est l'un des casse-têtes chinois des parents. Un enfant qui ne dort pas bien fut il neurotypique ou atypique, aura des problèmes de comportement en journée. Et dans le cas du TSA, les problèmes de sommeil augmentent l'expression des symptômes (les troubles de comportement).

Cette situation s'explique par plusieurs facteurs : fragmentation des systèmes de soins, manque de formation des professionnels, et difficultés de communication liées au trouble lui-même. Les approches intégratives, comme celles développées par le réseau Autism Treatment Network (2023), montrent qu'une prise en charge coordonnée de ces comorbidités peut significativement améliorer le pronostic fonctionnel. C'est en ce sens qu'il est important que l'enfant soit suivi par une équipe pluridisciplinaire et coordonné par un professionnel aguerri dans les TSA. La communication parents-professionnel est l'un des leviers importants de cette approche intégrative. Le reporting du comportement de l'enfant par le parent auprès des professionnels permet une prise de décision rapide pour agir sur tout changement de comportement.

4. Innovations technologiques : entre espoirs et vigilance critique

A l'ère du numérique et de la technologique, nous avons un questionnement contrasté entre les méfaits visibles sur le comportement des enfants et bien faits tout aussi visible dans l'organisation des activités et les réaménagements nécessaires en situation d'inclusion scolaire. Pour mieux comprendre ce paradoxe, nous allons prendre quelques exemples pratiques issus de notre expérience clinique.

Cas1 : un jeune garçon de 5 ans 3 mois que nous avons reçu avec des troubles de comportement important : il fait de vocalise comme un dessin animé, et a des problèmes de socialisation et d'autonomie personnelle. Ces parents décrivent qu'il est fils unique et en tant que tel, ils étaient obligés de le laisser devant la télévision tous les jours au moins 8h par jour pour pouvoir travailler. Cette hyper-exposition à l'écran aurait durée 3 ans, passant de la TV aux tablettes. Ils commencent à remarquer ses problèmes au moment où il doit aller à l'école. [Nous posons deux hypothèses à l'issue de cette consultation : « un syndrome autistique induit par l'exposition précoce à l'écran ? » ou « TSA ? ». L'unique chose qui pourra confirmer l'hypothèse c'est l'évolution avec le suivi initié]. Le bilan neuropsychologique initié nous a tout de même permis de situer l'enjeu à un niveau Autistique moyen. Pour ce cas, qui au moment de la rédaction de ce livre est au début de sa prise en charge sera réévalué au bout de 6 mois et après 12 mois de prise en charge intensive dans une approche intégrative, nous serons mieux situé par rapport à son diagnostic.

Cas 2 : un garçon de 7 ans 8 mois qui est diagnostiqué TSA modéré qui commence à parler après une longue période de travail avec l'équipe pluridisciplinaire.

Avec un intérêt poussé pour les écrans, commence à développer un comportement d'agressivité et des propos grossiers et injurieux. Il n'est attiré que par des chaînes où il ya la violence et c'est ce qui met en pratique. Les employés de maison et des collègues femmes qui travaillent avec lui remarque ce changement et se plaignent. [Pour ce cas, nous faisons une analyse fonctionnelle et identifions les facteurs impliqués dans le déclenchement et le maintien de ce comportement. Après suppression des écrans, et quelques mesures prises, ce comportement a été maîtrisé].

Cas 3 : il s'agit d'un garçon de 9 ans 4 mois, élève en classe de cours élémentaire deux (CE2), TSA léger, verbal qui a des difficultés avec la copie en classe. Il est aussi allergique au papier cahier. Nous avons adapté pour lui les cours sous forme numérique et il s'en sort bien avec sa tablette. Il apprend facilement en image numérique.

Cas 4 : une fille de 8 ans 5 mois qui est autiste sévère. Elle dit quelques mots et est très portée vers les écrans. La tablette est devenue son centre d'intérêt numéro un et son outil de motivation numéro un aussi. Elle a appris les couleurs, les objets familiers par sa tablette. Pour elle, la tablette constitue un matériel de travail indispensable donc on utilise pour la plupart de ses thérapies.

L'essor des technologies numériques ouvre des perspectives inédites pour l'évaluation et l'intervention dans l'autisme. Parsons (2023) souligne que les outils de suivi numérique permettent une quantification objective de paramètres comportementaux difficiles à évaluer cliniquement, comme les micromouvements ou les patterns d'attention visuelle. Comme nous pouvons l'observer avec les deux derniers cas susmentionnés.

Les systèmes de réalité virtuelle, comme ceux développés par Wallace et al. (2022), offrent des environnements contrôlés pour l'entraînement aux habiletés sociales. Ces technologies présentent plusieurs avantages : standardisation des conditions d'évaluation, possibilité de personnalisation fine, et réduction des biais liés à l'observation humaine. De nos jours, avec ces technologies, les professionnels ont plus de visibilité sur leur pratique et sur la progression de leurs patients.

Toutefois, comme le met en garde Fletcher-Watson (2022), ces innovations ne doivent pas conduire à une déshumanisation des interventions. Le risque est particulièrement aigu dans l'autisme, où la qualité de la relation thérapeutique est un facteur déterminant de succès. De plus, des questions éthiques cruciales se posent concernant la protection des données sensibles et le risque de stigmatisation. Le problème fondamental dans l'autisme reste le déficit de la socialisation et de la communication. Ceci étant, les technologies ne doivent pas remplacer les interactions humaines avec les personnes autistes, de peur de nous retrouver dans les deux premières situations cliniques décrites plus haut pour poser le paradoxe de la technologie (voir Cas 1 et 2).

5. Vers une personnalisation des parcours : défis et perspectives

La variabilité interindividuelle dans l'autisme rend indispensable le développement d'approches personnalisées. Szatmari et al. (2021) proposent un modèle stratifié basé sur des biomarqueurs validés, permettant d'adapter les interventions aux caractéristiques spécifiques de chaque individu. Cette approche nécessite cependant des avancées significatives dans l'identification de marqueurs prédictifs fiables. Les avancées des études sur les marqueurs comportementaux précoce de l'autisme permettent aujourd'hui de mettre sur pied un ensemble d'intervention précoces et individualisé en vue de répondre au déficit engagé par l'autisme.

Dans le cadre pratique, les programmes individualisés sont établis après le bilan complet de l'enfant et en fonction de ses besoins réels par l'équipe de prise en charge et les parents. Dès que les objectifs sont fixés, chaque intervenant adapte ses interventions dans le but d'atteindre lesdits objectifs.

En revanche, les modèles de soins intégrés, comme celui développé par le réseau canadien PASS (2022), montrent l'importance d'une coordination étroite entre les différents professionnels. Leur étude démontre que les approches collaboratives transdisciplinaires améliorent significativement l'accès aux soins et les résultats développementaux. Dans ce sens, l'approche intégrative dévient à la fois une approche compréhensive et interventionnelle dont la collaboration et l'interdisciplinarité est la règle pour un suivi optimal.

Pourtant, comme le soulignent Brookman-Frazee et al. (2023), la mise en œuvre de ces modèles se heurte à des obstacles structurels importants : rigidité des systèmes de soins, cloisonnement des disciplines, et inégalités d'accès aux interventions spécialisées. Le défi est donc autant scientifique que organisationnel. Pour que cette approche soit optimale, il doit joindre disponibilité des ressources humaines qualifiées et organisation pratique.

6. Représentation schématique de l'approche intégrative de l'autisme

Vous trouverez ici une schématisation de l'approche intégrative de l'autisme en tant que modèle de compréhension et d'intervention. Cette schématisation que nous faisons rend compte de la complexité du TSA et de la subtilité nécessaire pour sa prise en charge. (voir figure 1).

7. Conclusion

La première partie de cet ouvrage a posé les bases d'une compréhension contemporaine de l'autisme, soulignant la nécessité d'une approche intégrative face à la complexité et à l'hétérogénéité de ce trouble. Nous avons exploré comment les avancées scientifiques, notamment en génétique et en neurosciences, permettent de mieux comprendre la problématique de l'autisme de nos jours. L'importance des comorbidités somatiques et l'impact ambivalent des technologies numériques sont autant de facteurs qui plaident pour une prise en charge globale et personnalisée.

En résumé, cette première partie a établi que l'approche intégrative, combinant les savoirs et les outils de différentes disciplines, se présente non seulement comme la plus adaptée, mais également comme indispensable pour appréhender et accompagner au mieux les personnes avec autisme dans leur singularité.

La suite de cet ouvrage s'attachera à détailler la mise en œuvre concrète de cette approche intégrative et pluridisciplinaire, en explorant les cadres méthodologiques et les applications pratiques.

Figure 1 : schématisation de l'approche intégrative du TSA

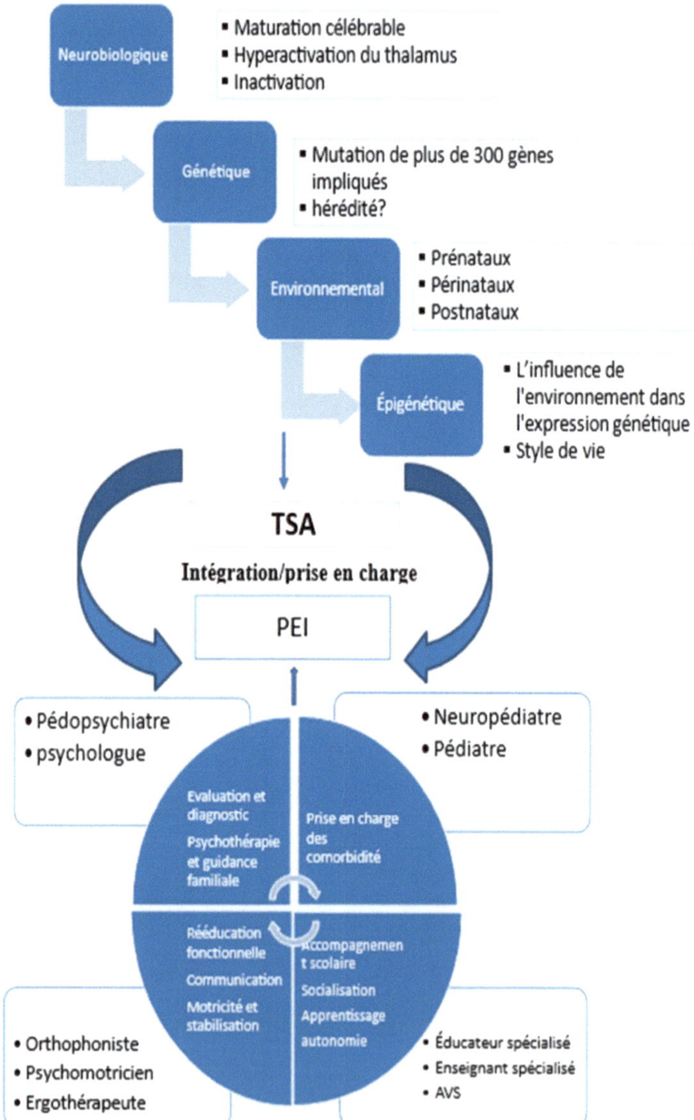

Modèle monté par nos soins

PARTIE 2 : CADRE MÉTHODOLOGIQUE DE LA MISE EN ŒUVRE D'UNE INTERVENTION INTEGRATIVE PLURIDISCIPLINAIRE

Penser un cadre méthodologique pour une approche intégrative est aussi complexe que l'intégration elle-même. Comme la science l'exige, la manière de faire des choses est plus importante que les résultats finals obtenus car il ne peut avoir de résultat scientifique sans procédé méthodologique rigoureux. Nous présentons ici quelques pistes pour mettre en œuvre une intervention intégrative pluridisciplinaire illustrée par des cas expérimentaux issus de notre pratique.

1. Quelques conditions d'usage.

La mise en œuvre d'une intervention intégrative nécessite la prise en compte de certains facteurs importants déterminants. Notamment la disponibilité des ressources (humaines, matériel et temps)

Sur le plan des ressources humaines, la prise en charge de l'autisme implique une pluralité de disciplines et d'intervenants. Voici une liste non exhaustive du personnel impliqué en fonction des cas et quelques indications suivant les recommandations internationales.

Tableau 1 : ressource humaine impliqué dans une approche intégrative

Spécialistes	Rôle/intervention clés	Fréquences
	Equipe médicale	
Pédopsychiatre	Diagnostic initial, coordination globale, prescription médicamenteuse	Tous les 3-6 mois
Neuropédiatre	Évaluation épilepsie/troubles du sommeil (EEG si besoin)	1-2x/an ou si symptômes

Pédiatre	Suivi croissance, dépistage comorbidités somatiques	Tous les 2-4 mois
	Equipe des thérapeutes/paramédicale	
Psychologue	Bilan initial et de contrôle ; Programmes comportementaux individualisés	10-20h/semaine (si ABA)
Orthophoniste	Communication verbale/alternative (PECS, MAKATON), pragmatique sociale, etc.	2-3x/semaine
Ergothérapeute	Intégration sensorielle, autonomie quotidienne (habillage, repas)	1-2x/semaine
Psychomotricien	Coordination motrice, schéma corporel, gestion de l'espace	1-2x/semaine
	Equipe éducative	
Educateur spécialisé	Socialisation, autonomie dans la communauté	2-5x/semaine
Enseignant spécialisé	Adaptation scolaire, inclusion en classe ordinaire	Quotidien (à l'école)
AVS	Aide individualisée en classe	Selon le besoin

2. Mise en œuvre pratique d'une intervention intégrative pour un enfant autiste : une approche systémique

La mise en place d'une intervention intégrative efficace pour un enfant autiste nécessite une approche systémique et individualisée, s'appuyant sur les preuves scientifiques tout en restant flexible aux besoins spécifiques de l'enfant et de sa famille. Le processus débute par une évaluation pluridisciplinaire approfondie, combinant des outils standardisés comme l'ADOS-2 pour les compétences sociales et/ou la Vineland 2 pour les comportements adaptatifs avec des bilans médicaux ciblant les comorbidités fréquentes (troubles gastro-intestinaux, carences nutritionnelles, anomalies du sommeil). Cette phase diagnostique doit absolument inclure une évaluation sensorielle réalisée par un ergothérapeute expérimenté, les particularités sensorielles constituant souvent un facteur clé dans les difficultés comportementales. Comme le soulignent Smith et al. (2023), « près de 75% des enfants autistes présentent des profils sensoriels atypiques qui, lorsqu'ils sont pris en compte, permettent de réduire significativement les comportements-problèmes ».

Sur la base de cette évaluation initiale, l'équipe pluridisciplinaire (incluant nécessairement les parents) élabore un projet d'intervention personnalisé articulant plusieurs modalités thérapeutiques. Les approches comportementales (comme l'ABA naturaliste) sont combinées avec des interventions développementales (modèle ESDM) et des prises en charge spécifiques des comorbidités médicales. Par exemple, un enfant présentant à la fois des difficultés de communication, une hypersensibilité auditive et des troubles digestifs pourrait bénéficier d'un programme intégrant : des séances d'orthophonie axées sur la communication alternative (PECS), un protocole de désensibilisation auditive progressive supervisé par l'ergothérapeute, et une prise en charge gastro-intestinale incluant probiotiques et ajustements alimentaires. L'étude de Leblanc et al. (2022) a démontré que les interventions combinant gestion des comorbidités médicales et thérapies comportementales obtiennent des résultats significativement supérieurs aux approches unimodales.

En outre, la dimension sensori-motrice doit occuper une place centrale dans le programme, avec des activités quotidiennes adaptées au profil sensoriel de l'enfant. Pour un enfant hyperactif, on privilégiera des activités vestibulaires intenses (balançoire, trampoline) avant les apprentissages, tandis qu'un enfant hypersensible bénéficiera plutôt de techniques d'apaisement (pression profonde, espace calme). Les nouvelles technologies offrent des outils précieux pour soutenir cette approche : applications de planification visuelle, capteurs de stress physiologique, ou encore systèmes de réalité virtuelle pour l'entraînement aux habiletés sociales. Cependant, comme le met en garde Dawson (2023), ces outils technologiques doivent toujours rester au service de la relation thérapeutique humaine, particulièrement cruciale dans l'autisme.

De plus, un suivi rigoureux, basé sur des indicateurs quantitatifs et qualitatifs, permet d'ajuster régulièrement l'intervention. Des outils comme le Autism Treatment

Evaluation Checklist (ATEC) ou des grilles d'observation spécifiques sont utilisés pour mesurer les progrès. Dans notre pratique, c'est la Vineland 2 qui est utilisée pour évaluer les progrès et nous permet d'ajuster le projet. Des réunions de coordination mensuelles impliquant tous les intervenants et la famille sont essentielles pour maintenir la cohérence des interventions. L'expérience clinique montre que cette approche intégrative, bien que complexe à mettre en œuvre, permet des progrès significatifs, en particulier lorsqu'elle est initiée précocement et adaptée continuellement aux besoins évolutifs de l'enfant. Comme le conclut une méta-analyse récente (Rogers et al., 2023), l'efficacité des interventions dans l'autisme repose moins sur une méthode spécifique que sur la qualité de leur intégration et de leur personnalisation. L'approche intégrative se veut une approche hybride et originale par l'ingéniosité des intervenants.

3. Exemple concret d'un projet individualisé de prise en charge

Nous présentons ici le PEI d'un garçon de 7 ans 3 mois qui a été élaboré après une concertation pluridisciplinaire de l'équipe de prise en charge.

Tableau 2 : exemple de PEI

DOMAINES	Compétences à développer
Communication et socialisation	Interaction : - Tenir une conversation avec un adulte en face à face (dialogue avec l'accent mis sur l'articulation) ; - Tour de rôle dans une activité construite autour d'un dialogue ; - Raconter une journée passée à l'école ou avec des amis ; Initiation à la lecture et à l'écriture - Lecture alphabétique et syllabique - Repasser sur les lettre écrit en traits interrompus Compréhension de la consigne - Associer des consignes à une représentation imagée (pictogramme)

Autonomie et motricité	Stabilisation et canalisation - Enveloppement - Relaxation - Rester 15 minutes sur une position (pieds joints et mains sur les genoux) - Faire des séances de natation avec un maître-nageur Reconstituer un bonhomme avec la pâte à modeler.
Cognition	Attention concentration - Enfiler les perles de petite taille - Trier du riz de différentes couleur en fonction des couleurs Perception et coordination - Suivre l'alphabet dans une labyrinthe - Faire des encastrements de 25 morceaux (reconstituant une image) - Représenter les formes simples et complexes ; - Évoluer du coloriage à la peinture (utiliser un petit pinceau)
Affection et gestion émotionnelle	Gestion émotionnelle : - Etape 1 : identification des émotions à l'aides des images (peur, joie, tristesse, colère, dégoût) - Etape 2 : exprimer les différentes émotions avec l'aide de l'adulte - Etape 3 : Nommer ses propres émotions en utilisant les pictogrammes. - Etape 4 : exprimer ses émotions avec les mots Faire la différence entre une personne familière et un étranger

Légende pour évaluer l'objectif :

- ***Échelle sensorielle*** : 1=Aucune réaction, 5=Crise/Refus complet

- ***Codes couleur*** : □ (Difficulté majeure/non acquis), □ (Progrès/en cours d'acquisition), □ (Objectif atteint/acquis)

4. Conclusion

La deuxième partie de l'ouvrage a abordé le cadre méthodologique nécessaire à l'implémentation d'une intervention intégrative et pluridisciplinaire pour l'autisme. Elle souligne la complexité inhérente à cette démarche, insistant sur l'importance d'une méthodologie rigoureuse pour garantir la validité des résultats. L'accent est mis sur les conditions essentielles à la mise en œuvre, notamment la disponibilité des ressources humaines qualifiées issues de diverses disciplines (médicale, paramédicale, éducative) et des ressources matérielles et temporelles.

Cette section détaille également la mise en œuvre pratique d'une telle approche, en présentant une démarche systémique et individualisée. Le processus débute par une évaluation pluridisciplinaire approfondie pour aboutir à l'élaboration d'un Projet Éducatif Individualisé (PEI). Il est précisé que cette intervention combine différentes modalités thérapeutiques inspirées de programmes variés comme le Son-Rise Program, l'ABA et l'ESDM, adaptées aux besoins spécifiques de chaque enfant.

PARTIE 3 : APPLICATION PRATIQUE A PROPOS DE 15 CAS.

Nous présentons dans cette section les résultats d'une étude interventionnelle par l'approche intégrative pluridisciplinaire menée dans un centre spécialisé de prise en charge des enfants à besoins spécifiques sur 15 enfants autistes. Cette présentation comprend trois grandes articulations : la méthodologie, les résultats et la discussion.

1. Méthodologie de l'étude

Participants

Les enfants qui ont bénéficié d'une intervention intégrative et pluridisciplinaire sont au nombre de 15 dont 2 filles et 13 garçons suivis au centre ANAISSA, spécialisé dans la prise en charge des enfants autistes et autres troubles neurodéveloppementaux. L'âge des enfants varie entre 5 ans et 12 ans. Nous avons travaillé avec les enfants qui étaient disponibles au centre. Était exclu de cette étude les enfants ayant un autre TND ou ayant les comorbidités d'autre TND. Seuls les enfants avec un diagnostic de TSA établi à partir des critères du *diagnostic and statistic manual of mental disorder* (DSM 5) et objectiver à partir du CARS-T et de la Vineland 2 étaient éligible.

Outils de collecte

Nous avons utilisé l'échelle d'évaluation de l'autisme infantile (CARS-T) et la Vineland II pour évaluer respectivement le niveau de sévérité de l'autisme et les comportements adaptatifs chez ces enfants.

La CARS-T de Schopler et al (1980) est une échelle incluant 15 items comportementaux. Elle a été élaborée pour identifier les enfants autistiques et pour les distinguer d'enfants porteurs d'autres troubles du développement sans syndrome autistique associé. De plus, elle permet de distinguer les enfants dont les signes d'autisme varient de discrets à moyen des enfants dont l'autisme est sévère. La première version a été construite il y a plus de 35 ans pour permettre aux cliniciens d'établir un diagnostic plus objectif de l'autisme et dans une forme plus facilement utilisable (Reichler et Schopler 1971). Les 15 items du CARS-T réunissent les cinq systèmes d'évaluation de l'autisme en intégrant les critères décrits par Kanner et les critères du DSM 5 dans sa version actuelle. Chacun des 15 items décrit les critères essentiels de l'autisme et permet au clinicien d'avoir un jugement objectif sur une échelle de type Likert à 4 points allant de 1 : Pas de difficulté ou d'anomalie dans les relations avec les personnes ; 2 : Anomalies mineures dans les relations ; 3 : Anomalies moyennes dans les relations à 4 : Anomalies sévères dans les relations. Toutefois, il ya la possibilité de mettre des notes avec moitié par exemple: 1,5 etc.

La Vineland II version parent/intervenant nous a permis d'évaluer le comportement adaptatif des enfants. Les échelles de Vineland sont parmi les outils les plus utilisés dans le monde pour évaluer l'adaptation dans la vie quotidienne des enfants ou des adultes, quel que soit leur âge et la nature de leurs difficultés. La Vineland II développé par Sparrow, Cicchetti et Balla (2015) est la seconde édition de ces tests permettant d'évaluer les comportements adaptatifs à tout âge dans trois domaines notamment la communication, l'autonomie de la vie quotidienne, a socialisation et la motricité de zéro à 6 ans. Elle se présente sous deux formes : la forme d'entretien qui est passé par le thérapeute dans un entretien semi structuré et la forme partent/intervenant qui est rempli par le parent.

Les modalités de réponse se présentent sous forme d'une échelle de Likert à 4 points allant de 2 : si la personne fait souvent cette activité de manière satisfaisante. 1: s'il l'exécute parfois, ou de manière inadéquate, ou s'il ne fait qu'une partie de l'activité correctement. 0 : S'il ne fait jamais ou que très rarement l'activité, quelle que soit la raison. Par exemple l'individu est trop jeune, immature, un handicap physique l'en empêche, on ne le lui permet pas, on ne le lui demande pas, on ne le lui a jamais appris, l'individu n'a pas conscience de l'intérêt de l'activité. NSP : (Ne Sait pas). La personne interrogée n'a pas connaissance de la performance. À partir de 5 « NSP » par domaine, les résultats ne sont pas valides pour ce domaine. Pour certains items, ils y'a une modalité supplémentaire NA : (Ne s'applique pas). Elle signifie que la performance requiert un objet qui n'est pas disponible dans l'environnement du sujet (télévision, téléphone...)

Démarche et procédure

Les enfants qui ont participé à cette étude sont tous régulièrement inscrits au centre ANAISSA où l'expérience se déroule. Nous avons fait une évaluation initiale globale, ce qui nous a donné une vue sur l'ensemble des difficultés de chaque enfant en fonction des domaines de développement. Chaque enfant est reçu au début par le psychologue avec ses parents, durant cet entretien, le psychologue recueille des informations sur l'état de l'enfant, les besoins de l'enfant selon les parents et les attentes de ceux-ci. À l'issue de la consultation, le psychologue oriente vers les autres spécialistes de l'équipe avec des indications claires notamment chez l'orthophoniste, le psychomotricien, le kinésithérapeute et l'éducateur spécialisé en fonction des difficultés de l'enfant. Après la consultation pluridisciplinaire et le bilan psychologique dressé, l'ensemble de l'équipe fait une réunion de concertation pluridisciplinaire pour prendre des décisions par rapport au cas de l'enfant et établir un programme éducatif individualisé (PEI) sur la base des observations, de l'évaluation et des attentes des parents. Le temps d'observation et d'évaluation a duré un mois après lequel on a commencé l'intervention structurée intégrative et pluridisciplinaire basée sur le PEI. L'équipe pluridisciplinaire siégeait chaque fin de semaine pour discuter des difficultés rencontrées avec les enfants et définir des nouvelles stratégies et outils pour améliorer les compétences des enfants.

Les ateliers de capacitations ont été organisés de façon trimestrielle pour outiller les parents sur certaines techniques et stratégies d'intervention spécifique en vue d'une évolution optimale. L'intervention a duré 10 mois hormis le mois d'évaluation. Chaque enfant avait un suivi de 30 heures par semaine par les spécialistes au centre et 4 heures le weekend par les parents durant les 10 mois.

L'intervention en elle-même était organisée en deux aspects : un aspect collectif où les intervenants prennent les enfants en groupe pour certaines activités et un aspect individuel où chaque intervenant travaille en tête à tête avec un enfant en suivant les objectifs de son PEI. Les objectifs sont réévalués et réajustés chaque fin du mois après concertation. Ces interventions sont inspirées de trois programmes de prise en charge différents notamment le Son Rise Program (SRP) à partir de ses principes de joining et de motivation (Kaufman & Kaufman, 1974). Ici l'intervenant est au centre de l'activité avec l'enfant et l'accent est mis sur la socialisation.

Le programme ABA (Applied Behavior Analysis) développé par Lovaas (1987) sur la base des théories comportementales notamment l'analyse fonctionnelle des comportements. Ce programme est basé sur le conditionnement opérant de Skinner et consiste en l'analyse du comportement afin de comprendre les lois par lesquelles l'environnement exerce une influence sur le comportement de l'enfant en vue de développer des stratégies de remédiation. Ici, le matériel est choisi par l'intervenant et c'est toujours ce dernier qui contrôle la séance.

Le programme ESDM (Early Start Denver Model), est un programme proposé aux très jeunes enfants âgés entre 18 et 60 mois atteints de TSA. Ce programme intègre les deux approches utilisées par les programmes précédents notamment l'approche développementale et l'approche comportementale afin de proposer des techniques globales d'intervention en tenant compte des différentes sphères développementales de l'enfant. Nos interventions combinaient les méthodes et techniques issus de ces trois programmes.

Les interventions étaient structurées selon un programme hebdomadaire articulé comme suit : l'éveille sensorielle chaque matin, le suivi individualisé avec les intervenants, stabilisation et canalisation ; les mardi et jeudi on avait une heure d'activité physique et sportive ; les mercredis on avait deux heures d'activité d'art plastique ; une fois par mois on a une activité de balnéothérapie.

2. Résultats

Figure 2 : Niveau de sévérité du trouble

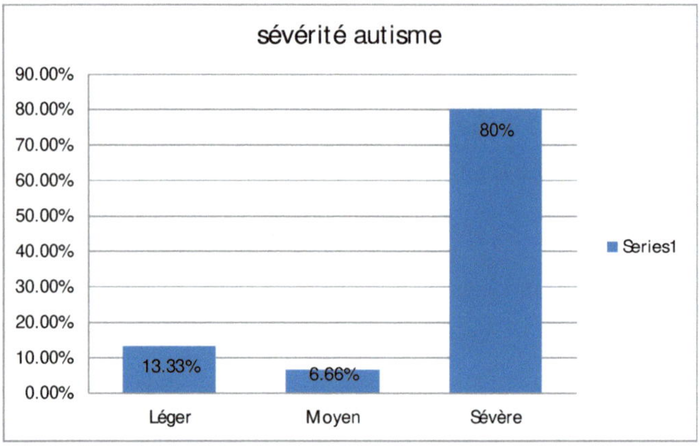

Les participants étaient à 80% autiste sévère ; 6,66% autistes moyens et 13,33% autistes léger.

Tableau 3 : Evolution selon le comportement adaptatif par enfants

Comportement adaptatif	Evaluation T1	Evaluation T2	Pourcentage du gain
Enfant 1	20	75	275%
Enfant 2	20	68	240%
Enfant 3	30	72	140%
Enfant 4	48	80	66,66%
Enfant 5	20	58	190%
Enfant 6	60	90	200%
Enfant 7	20	72	260%
Enfant 8	30	83	176,66%
Enfant 9	53	98	84,90%
Enfant 10	52	85	62,26%
Enfant 11	30	78	160%

Enfant 12	48	82	70,83%
Enfant 13	30	76	153,33%
Enfant 14	40	85	112,5%
Enfant 15	58	105	81,03%

Tableau 4 : Répartition selon l'évolution par domaine

Domaines	Evaluation T1		Evaluation T2	
	Moyenne	Min-Max	Moyenne	Min-Max
Communication	34	20-48	80	70-100
Socialisation	28	20-30	75	68-95
Autonomie de vie quotidienne	45	20-60	85	86-112
Motricité	48	31-70	95	90-118

Figure 3 : Synthèse comparée du comportement adaptatif

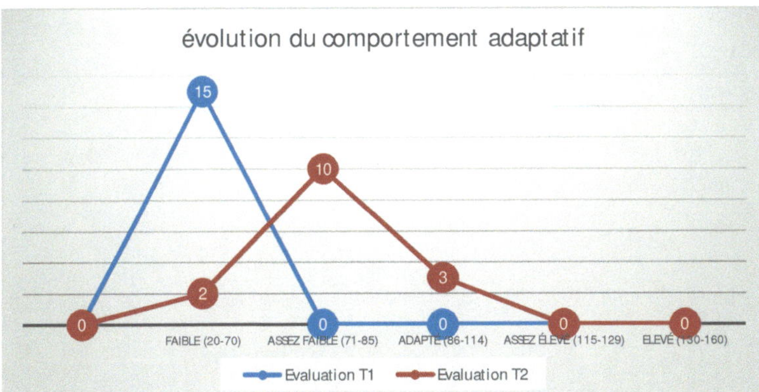

Les résultats montrent une évolution significative des enfants quand on observe les évaluations initiales T1 et l'évaluation contrôle T2. Nous remarquons que le taux de progrès varie entre 66% et 275% selon les enfants (voir tableau 3). Au niveau de l'évolution par domaines du comportement adaptatif, le même constat est fait (voir tableau 4). Enfin la figure 3 nous permet de constater que 10 enfants sur 15 sont passés d'un niveau du comportement adaptatif faible à un niveau assez faible au bout des 10 mois de prise en charge. 3 enfants sur les 15 sont passés d'un niveau faible à un niveau adapté et 2 sont restés dans la même fourchette quoi que le score final ait évolué.

3. Discussion

Les principaux résultats de notre étude montrent un niveau de TSA sévère chez 80% des participants. Ce résultat serait sans doute lié au fait que le centre où s'est déroulé l'expérience ne prend que des enfants qui ont un niveau de handicap élevé car nous proposons un autre modèle de prise en charge aux enfants qui ont des habiletés avancées, notamment l'approche inclusive. Ce résultat peut aussi se comprendre à partir des éléments contextuels notamment l'accessibilité aux soins qui reste un vrai défi au Cameroun (Menzepo et al, 2023). Du coup, seuls les enfants qui ont un niveau de handicap élevé arrivent dans les centres spécialisés car ils ne trouvent pas de place à l'école ordinaire. Atzori et al, (2022) estimaient que l'augmentation de la prévalence du TSA et de cas sévères serait dû au fait que les critères de diagnostic ont été revues et clarifiées.

En outre, les interventions pluridisciplinaires sont recommandées dans la prise en charge de l'autisme depuis par la haute autorité de santé de France et par l'OMS, même si cela n'est pas toujours appliqué dans tous les contextes pour des raisons variées. Les résultats de notre étude montrent des bénéfices remarquables dans des domaines importants du développement, notamment dans la communication et les interactions sociales et l'autonomie de la vie quotidienne. Ce résultat rejoint ceux de Aussilloux et Livoir-Petersen, (1998) qui préconisait déjà une prise en charge intégrative en leur époque en insistant sur l'intégration des différents moyens de prise en charge. Pour ces auteurs, les soins visent à respecter les moyens de développement que l'enfant a à sa disposition en soutenant les partenaires naturels de l'enfant (famille, milieu social et scolaire) et en ajoutant des interventions directes en fonction de l'âge, de l'intensité et de l'évolution des troubles. Cette étude s'inscrit dans le même sillage que notre travail qui mutualise les savoirs faire des différents spécialistes pour une meilleure prise en charge. Les enfants ayant un trouble du spectre de l'autisme (TSA) ont besoin d'interventions médicales, comportementales et développementales personnalisées et du soutien des services sociaux pour réaliser leur plein potentiel. Pour prendre en charge le TSA, il faut s'assurer de coordonner les soins offerts par les professionnels de la santé mentale, les thérapeutes, les éducateurs et les prestataires de services sociaux et de services communautaires tout ceci dans une approche intégrative (Angie et al 2019).

Les résultats de notre expérience se rapproche aussi de celle de Bartolini Girardot et al (2017) avec le modèle de Denver. Ils ont soumis 4 enfants à 7 heures d'intervention précoce avec le programme ESDM par semaine. Les résultats statistiques de cette étude indiquent des progressions significatives dans trois domaines du développement à savoir le langage réceptif, l'imitation oculo-manuelle et la cognition verbale et préverbale. Bien que notre groupe d'enfants ne bénéficie pas exclusivement de l'ESDM, nous avons aussi noté des apports importants dans les sous-domaines de communication expressive et compréhensive, des interactions sociales et des activités de la vie quotidienne. Mukau Ebwel, (2023) ont trouvé des résultats similaires en république démocratique du Congo avec la méthode Treatment and Education of Autistic and related Communication Handicapped Children (TEACH). Leur étude visait à voir le bénéfice du programme TEACH implémenté par les enseignants spécialisés nouvellement formés. Toutefois, on note quelques points de divergence notamment en lien avec la nature intégrative de notre approche et notre méthode hybride.

Si certains programmes de prise en charge exigent la structuration de l'enivrement comme le TEACH, d'autre l'analyse fonctionnelle du comportement comme l'ABA, et d'autre encore une implication des activités ludique et sociale comme l'ESMD et le SRP, l'implémentation de ces différents programmes requiert une disposition et une méthodologie particulaires. Notre approche étant hybride et intégrative, pourrait souffrir d'un manque de rigueur dans l'application des principes venant de ces approches. Toutefois, ce choix méthodologique est fait consciemment en tenant en compte des exigences du contexte socio-culturel du Cameroun. La principale limite de notre étude réside au niveau méthodologique notamment du fait de l'absence d'un groupe témoin qui pourra permettre de comparer les résultats afin de mieux cerner la part de l'approche intégrative pluridisciplinaire et la part de l'évolution naturelle.

4. Conclusion

Comme le résume Lord et al. (2023), le développement de véritables approches intégratives dans l'autisme nécessite une transformation profonde de nos paradigmes de recherche et de nos systèmes de soins. Les avancées récentes, tant au niveau génétique que cognitif ou interventionnel, offrent des perspectives encourageantes. Cependant, leur traduction en bénéfices concrets pour les personnes autistes et leurs familles dépendra de notre capacité à dépasser les cloisonnements disciplinaires et institutionnels. Comme le souligne enfin Mottron (2023), « *l'autisme nous invite à repenser radicalement nos catégories nosographiques et nos approches thérapeutiques, dans une perspective véritablement intégrative et respectueuse de la neurodiversité* »

La prise en charge de l'autisme en contexte camerounais dépend encore de chaque spécialiste et de chaque structure. Dans ces conditions, nous remarquons que le modèle hybride issu d'une combinaison des programmes et implémenté dans une approche intégrative pluridisciplinaire est le modèle qui donne plus de résultats. Les résultats de cette étude permettent ainsi de mettre en évidence les bénéfices de cette approche qui est peu expérimentée dans notre contexte en raison de la rareté des ressources humaines qualifiées, des ressources financières limitées des parents et de certaines structures de prise en charge. Nous avons pu remarquer avec cette approche que les enfants étaient très épanouis au sein de ce programme qui combinait des approches thérapeutiques différentes et qui faisait intervenir plusieurs spécialistes au sein d'une même équipe. La pluridisciplinarité permettait une résolution facile des difficultés de l'enfant. Cette étude reste cependant limitée par l'absence d'une ligne de base et d'un groupe témoin. Dans des prochaines études, il sera bénéfique d'étendre cette expérience en appliquant la méthode expérimentale pure afin de déterminer sans équivoque la part de cette approche dans le développement des comportements adaptatifs et la réduction des symptômes autistiques. On pourra aussi l'étendre en comparant avec les autres approches de prise en charge.

Références bibliographiques

American Psychiatric Association. (2015). *DSM-5 manuel diagnostique et statistique des troubles mentaux* (éd. 5e édition). (M.-A. C. Guel, Trad.) Paris: Elsevier Masson

Angie I. p, Lonnie Zaigenbaum, Jessica A Brian, La prise en charge et le suivi du trouble du spectre de l'autisme une fois le diagnostic posé, *Paediatrics & Child Health*, Volume 24, Issue 7, November 2019, pp 469-477, https://doi.org/10.1093/pch/pxz122

Atzori, P. Beggiato, A. Colineaux, C. Humeau, E. & Vantalon, V. (2022). Dépistage précoce, évaluation diagnostique et prises en charge éducatives précoces de l'autisme, *Journal de Pédiatrie et de Puériculture*, Volume 35, Issue 2, pp 61-72,

Aussilloux, C. & Livoir-Petersen, M.-F. (1998). Vers une prise en charge intégrée de l'autisme. *Santé mentale au Québec*, *23*(1), pp 19–42. https://doi.org/10.7202/032435ar

Bartolini Girardot, A.-M Chatel, C. Bessis, C. Avenel, E. Garrigues, M.-H Poinso, F. (2017). Expérimentation de la prise en charge Early start Denver model (ESDM) : les effets sur le développement de 4 jeunes enfants avec troubles du spectre de l'autisme, *Neuropsychiatrie de l'Enfance et de l'Adolescence*, Volume 65, Issue 8, pp 461-468,

Brookman-Frazee, L., Stahmer, A. C., Lewis, K., Feder, J. D., & Reed, S. (2023). Building a research-community collaborative to improve community care for infants and toddlers at risk for autism spectrum disorder. *Journal of Community Psychology*, 50(2), 456-478. https://doi.org/10.1002/jcop.22715

Cascio, C. J., Moore, D., & McGlone, F. (2021). Social touch and human development. *Developmental Cognitive Neuroscience*, 35, 5-11. https://doi.org/10.1016/j.dcn.2018.04.009

Devlin, B., & Scherer, S. W. (2023). Genetic architecture in autism spectrum disorder. *Current Opinion in Genetics & Development*, 42, 92-98. https://doi.org/10.1016/j.gde.2023.02.002

Fletcher-Watson, S. (2022). Ethical implications of autism research. *Autism Research*, 15(2), 214-216. https://doi.org/10.1002/aur.2654

Geschwind, D. H. (2021). Advances in autism. *Annual Review of Medicine*, 72, 45-57. https://doi.org/10.1146/annurev-med-042919-093949

Goldman, S. E., Surdyka, K., Cuevas, R., Adkins, K., Wang, L., & Malow, B. A. (2021). Defining the sleep phenotype in children with autism. *Developmental Neuropsychology*, 34(5), 560-573. https://doi.org/10.1080/87565640903133509

Golse B, Robel L. (2009). Pour une approche intégrative de i'autisme infantile: le lobe temporal supérieur entre neurosciences et psychanalyse *Bull Acad Natl Med.* 193(2), pp 307-13.

Happé, F., & Frith, U. (2020). Annual Research Review: Looking back to look forward - changes in the concept of autism and implications for future research. *Journal of Child Psychology and Psychiatry*, 61(3), 218-232. https://doi.org/10.1111/jcpp.13176

Happi, A. (2016). *Prévalence du trouble du spectre de l'autisme dans la région du littoral [mémoire de master, université de Douala].* Non publié.

Haute Autorité de Santé, (2012). Autisme et autres troubles envahissants du développement : interventions éducatives et thérapeutiques coordonnées chez l'enfant et l'adolescent. *Saint-Denis La Plaine : HAS.*

Just, M. A., Keller, T. A., Malave, V. L., Kana, R. K., & Varma, S. (2022). Autism as a neural systems disorder: A theory of frontal-posterior underconnectivity. *Neuroscience & Biobehavioral Reviews,* 36(2), 1292-1313. https://doi.org/10.1016/j.neubiorev.2012.02.007

Kaufman, BN (2011). *L'ascension du fils : le miracle continue.* Hj Kramer.

Lord, C., Elsabbagh, M., Baird, G., & Veenstra-Vanderweele, J. (2023). Autism spectrum disorder. *The Lancet*, 392(10146), 508-520. https://doi.org/10.1016/S0140-6736(18)31129-2

Lovaas, O (1987) Traitement comportemental et fonctionnement éducatif et intellectuel normal chez les jeunes enfants autistes. *Journal de consultation et de psychologie clinique*. 55 (1), pp. 3 – 9

Malow, B. A. (2023). Sleep disorders and autism. *Sleep Medicine Clinics*, 18(1), 53-62. https://doi.org/10.1016/j.jsmc.2022.10.005

McElhanon, B. O., McCracken, C., Karpen, S., & Sharp, W. G. (2022). Gastrointestinal symptoms in autism spectrum disorder: A meta-analysis. *Pediatrics,* 133(5), 872-883. https://doi.org/10.1542/peds.2013-3995

Menzepo, G. D., Eyoum, C., Happi, A., Epopa Ebene, D. D., Elessa Belle, S. N., Biloa Menounga, T. N., Enyama D.& Njiengwe, E. (2023) Parcours diagnostic et thérapeutique des familles ayant un enfant porteur d´un trouble neuro-développemental au Cameroun : une enquête menée sur une cohorte de 62 cas. *Pan African Medical Journal* - Conference Proceedings. 17(92).04 ; doi:10.11604/pamj-cp.2023.17.92.1667

Mottron, L. (2023). A radical change in our autism research strategy is needed. *Autism*, 27(1), 3-5. https://doi.org/10.1177/13623613221133340

Mukau Ebwel, J (2024). « La méthode Teacch et la prise en charge de l'autisme en République démocratique du Congo », *Revue internationale d'éducation de Sèvres.* DOI : https://doi.org/10.4000/ries.13791

Nadel, J., Potier, C., & Ratner, N. (2022). Early anticipatory postural adjustments in human infants. *Experimental Brain Research*, 240(3), 837-846. https://doi.org/10.1007/s00221-021-06291-6

Parsons, D. (2023). Digital technologies for autism assessment and intervention. *Nature Digital Medicine*, 6(1), 1-10. https://doi.org/10.1038/s41746-023-00753-7

Reichler, R.J., & Schopler, E. (1971). Observations on the nature of human reation. *Journal of Autism and Childhood Schizophrenia,* 1, pp 283- 296.

Schopler, E., &. Reichler, R.J. (1979). *Individualized assessment and treatment for autistic and developmentally disabled children: Psychoeducational Proruc (vol.1). Baltimore*: University Park Press. PRO-ED, Austin: Texas.

Schopler. E., &. Reichler, R.J., De Velus, R.F., &. Daly, K. (1980). Toward objective classification of childhood autism: Childhood Autism Rating Scalc (CARS). Journal of Autism and Developmental Disorders, 10, pp 91-103.

Schopler. E., Reichler, R.J., De Velus, R.F., &. Daly, K. (1980). Toward objective classification of childhood autism : Childhood Autism Rating Scalc (CARS). *Journal of Autism and Developmental Disorders*, 10, pp 91-103.

Sparrow, S. S, Cicchetti S.D & Balla D.V(2015) *vinelans adaptative behavior scale cycle pines.*MN ; american guidance service, inc

Szatmari, P., Chawarska, K., Dawson, G., Georgiades, S., Landa, R., Lord, C., ... & Halladay, A. (2021). Prospective longitudinal studies of infant siblings of children with autism: Lessons learned and future directions. *Journal of the American Academy of Child & Adolescent Psychiatry*, 55(3), 179-187. https://doi.org/10.1016/j.jaac.2015.12.014

Tammimies, K., Marshall, C. R., Walker, S., Kaur, G., Thiruvahindrapuram, B., Lionel, A. C., ... & Scherer, S. W. (2022). Molecular diagnostic yield of chromosomal microarray analysis and whole-exome sequencing in children with autism spectrum disorder. *JAMA Pediatrics*, 169(6), 569-576. https://doi.org/10.1001/jamapediatrics.2015.41

Wallace, G. L., Budgett, J., & Charlton, R. A. (2022). Aging and autism spectrum disorder: Evidence from the broad autism phenotype. *Autism Research*, 15(4), 605-614. https://doi.org/10.1002/aur.2260

www.ingramcontent.com/pod-product-compliance
Lightning Source LLC
LaVergne TN
LVHW051131210926
848482LV00001B/59